Anorexia Nervosa im Alter von 14-18 Jahren. Sozialpädagogische Handlungsmöglichkeiten, Prävention und Umgang

GRIN

Bibliografische Information der Deutschen Nationalbibliothek:

Die Deutsche Nationalbibliothek verzeichnet diese Publikation in der Deutschen Nationalbibliografie; detaillierte bibliografische Daten sind im Internet über http://dnb.d-nb.de abrufbar.

ISBN: 9783346705266
Dieses Buch ist auch als E-Book erhältlich.

FACHARBEIT

Anorexia Nervosa im Kontext Jugendarbeit

Sozialpädagogische Handlungsansätze zur Prävention, Früherkennung und zum Umgang mit Anorexia Nervosa im Jugendalter von 14-18 Jahren

Fachschule Sozialpädagogik

Klasse: FSP-2A_20

Abgabetermin: 28.02.2022

Inhaltsverzeichnis

Die Anhänge wurden teilweise aus urheberrechtlichen Gründen von der Redaktion entfernt.

1. Vorwort

„Wie das Phantom in dem Musical „Das Phantom der Oper" leben magersüchtige Menschen zwei Leben: das nach außen für alle sichtbare und das innere, das sie nicht nur vor der Außenwelt, sondern oft auch vor sich selbst verbergen." (Ess-Störungen für Dummies, Susan Schulherr, 2009)

In Jugendeinrichtungen trifft man häufig auf Mädchen und Jungen, die unter einer Essstörung leiden. Aus diesem Grund habe ich meine Facharbeit über Anorexia Nervosa geschrieben, um Leser*innen für diese Erkrankung zu sensibilisieren.

Ich habe das Thema gewählt, da ich selbst unter einer solchen Erkrankung leide und dadurch weiß, wie schwer es ist aus diesem Teufelskreis herauszukommen und neben der Essstörung noch andere Alltagsaufgaben zu bewältigen. Durch meine Arbeit möchte ich erreichen, dass Pädagogen explizierter auf die Jugendlichen eingehen und versuchen diese zu entlasten und zu unterstützen. Häufig benötigen die Jungen und Mädchen einen sicheren Rückzugsort, der nicht ihr Zuhause oder die eigene Familie ist. Oftmals sind diese Menschen dann die Pädagogen.

In den Einrichtungen sollten Erzieher*innen darauf spezialisiert werden, in solchen Situationen zu handeln und nicht wegzuschauen oder es zu übersehen. Wir als angehende Pädagogen haben den Auftrag, die Kinder und Jugendlichen in ihrer Entwicklung zu unterstützen, fördern und zu begleiten. Dazu gehören auch die Lösungsfindungen, Hilfestellungen, Aufmerksamkeiten und das Anbieten von Gesprächen in solch schwierigen Lebensabschnitten.

Außerdem möchte ich auf die Präventionsarbeit eingehen, die einer Erkrankung vorbeugen könnte. Durch die umfangreiche Nutzung der sozialen Medien, wie Instagram, Facebook usw., in welchen es darum geht, „wie du aussiehst, wer du bist und was du machst", um ein „Gefällt mir" zu erhalten, werden junge Menschen sehr unter Druck gesetzt. Oftmals ist es ein Auslöser für Vergleiche oder sogar ein Verstärker für psychische Erkrankungen wie Magersucht. Deshalb sollte es wichtig sein, dass Kinder im Umgang mit diesen Medien unterstützt und aufgeklärt werden.

In meiner Facharbeit werde ich mich mit dem Thema „Sozialpädagogische Handlungsansätze zur Prävention, Früherkennung und zum Umgang mit Anorexia Nervosa im Jugendalter von 14-18 Jahren" auseinandersetzen. Grundlegendes wie die Definition, die Symptome und Ursachen von Magersucht, die Auswirkungen der sozialen Medien, die Rolle der Pädagogen, Präventionsmodelle, Früherkennung und Umgang mit betroffenen Jugendlichen werde ich in meiner Arbeit erläutern.

2. Anorexia Nervosa

Im Folgenden wird sich mit der Symptomatik, der Begriffserklärung und den Ursachen der Anorexie beschäftigt, da diese für die gesamte Arbeit und für das Verständnis der Erkrankung relevant sind.

2.1 Begriffserklärung

Anorexia Nervosa (Magersucht) ist neben Bulimia nervosa (Ess-Brechsucht) und Adipositas (Esssucht) eine Form der Essstörung. Die Erkrankung bezeichnet einen „absichtlich herbeigeführten Gewichtsverlust", einen sogenannten Prozess der „Selbstaushungerung". *(vgl. Vandereycken & Meermann:200)* Der Gewichtsverlust wird zumeist durch die Einschränkung der Nahrungszufuhr und zusätzlich auch durch eine verstärkte körperliche Aktivität erreicht. *(Bzga-esstoerungen.oe)* Für Betroffene, die unter einer Magersucht leiden, ist es äußerst schwierig, ein Körpergewicht zu halten, das mit der Gesundheit vereinbar ist. Es ist für die Erkrankten eine schreckliche Vorstellung zuzunehmen. Für die an Magersucht erkrankten Menschen wird das Abnehmen zu einer Lebensweise ohne absehbares Ende. *(vgl. Janet Treasure 2013:20)*

2.2 Wie häufig ist Magersucht?

Ein ausgeprägtes Bild einer Magersucht befindet sich bei weniger als 1% der 15- bis 30-jährigen Frauen. Die Erkrankung bricht meist im Alter zwischen 14 und 18 Jahren aus, es gibt jedoch auch Fälle mit Beginn vor dem Eintreten der Pubertät. Zwischen 20% und 50% der Normalbevölkerung leiden unter verschiedenen einzelnen Symptomen von Essstörungen, ohne das volle Krankheitsbild einer Magersucht zu entwickeln. Zu den besonders gefährdeten Risikogruppen für eine Magersucht gehören Models, Extremsportler*innen und Balletttänzer*innen, von denen ein sehr schlanker Körperbau gefordert wird. Zwar sind Frauen häufiger von dem Krankheitsbild betroffen, jedoch können auch Männer an einer Anorexie erkranken. Unter der Patienten mit Magersucht liegt der Anteil der männlichen Personen bei 5% bis 10%. *(vgl. Pauli/Steinhausen 2006:17)*

2.3 Diagnostik und Symptomatik

Die American Psychiatric Organization entwickelte ein Klassifikationssystem für psychische Erkrankungen mit der Bezeichnung DSM-IV-TR. Dieses weist auf vier Kriterien hin, die erfüllt sein müssen, um eine Anorexie zu diagnostizieren. Zum einen hält die Person ein Körpergewicht aufrecht, welches sich unter dem Minimum des für Alter und Größe durchschnittlichen Körpergewichts liegt. Bei einem BMI von 17,5 und weniger spricht man von Magersucht. Die Personen haben zudem große Angst vor der Gewichtszunahme oder vor dem „Dickwerden". Betroffene haben eine gestörte Wahrnehmung bezüglich ihres Körpergewichts und der Figur (Körperschemastörung).

Zudem ist Amenorrhö bei postmenarchalen Frauen ein Anzeichen der physiologischen Funktionsstörung bei Anorexia nervosa. Darüber hinaus wird die Magersucht im DSM-IV-TR noch in zwei Subtypen unterteilt. Bedingt von Diäten, Fasten oder übermäßige körperliche Betätigung findet der Gewichtsverlust durch den restriktiven Typen statt. Wenn die Betroffenen unter regelmäßigen „Fressanfällen" leiden oder „Purging"-Verhalten (selbst herbeigeführtes Erbrechen oder Missbrauch von Abführmittel) aufweisen, spricht man von dem „Binge Eating/Purging-Typus. *(vgl. netdoktor.de 04.08.2021)*

Zu der Symptomatik der Magersucht kommt es häufig in der Anfangsphase langsam und einschleichend zu einem restriktiven Essverhalten. *(vgl. Emerson: 2011:4)* Zu den weiteren Symptomen von Magersucht gehört die ständige Beschäftigung mit dem Gewicht. Die betroffenen Personen sprechen andauernd über das Thema Abnehmen oder verweigern konsequent notwendiges Essen. Ebenfalls leiden die Menschen häufig unter Untergewicht, depressiven Verstimmungen, Antriebslosigkeit, einem verzerrten Körperbild, übermäßiger Leistungsorientiertheit, Haarausfall, trockener Haut, Kälteempfindlichkeit, niedrigen Blutdruck und dem Ausbleiben der Menstruationsblutung. *(vgl. netdoktor.de 04.08.2021)*

2.4 Ursachen

„Die Entstehungsbedingungen der Anorexie sind vielfältig. Ein einzelner Aspekt kann für sich allein nicht die Entwicklung einer solch schweren Erkrankung erklären. Erst das Zusammenwirken verschiedener Faktoren führt zur Entstehung einer Essstörung." *(Verbeek/Petermann 2015:41)*

Bei der Essstörung können psychologische, familiäre, biologische und gesellschaftliche Zusammenhänge sowie spezielle lebensgeschichtliche Ereignisse eine Rolle spielen. Es sind jedoch nicht bei allen Betroffenen alle Bedingungen gleichermaßen als Ursache wirksam. *(vgl. Pauli/Steinhausen 2006:27)*

Häufig zeigen Menschen mit Magersucht bestimmte Merkmale in ihrer Persönlichkeit. Dieses bedeutet jedoch nicht, dass diese die alleinige Ursache für die Erkrankung sind, denn viele Jugendliche mit ähnlichen Persönlichkeitszügen erkranken nicht an einer Anorexie. Ebenfalls gibt es junge Menschen mit Magersucht, auf die folgende Beschreibung kaum oder nur teilweise zutrifft. Oft ist ein niedriges Selbstwertgefühl die Grundlage für die Ausbildung einer Essstörung. *(vgl. Pauli/Steinhause 2006:28)*

Zu den biologischen Faktoren einer Magersucht, welche häufig zu den auslösenden Bedingungen der Anorexie gehören, ist die Pubertätsentwicklung. In dieser Zeit durchläuft der Jugendliche eine körperliche und emotionale Entwicklung. *(vgl. Anhang)* Die Heranwachsenden bekommen eine erwachsene, kurvige Figur, es kommt zu Stimmungsschwankungen und bei weiblichen Personen tritt die Menstruationsblutung ein.

Durch diese plötzlichen Veränderungen kommen sich die Jugendlichen häufig fremd vor. Die Erkrankung tritt meist bei Jungen und Mädchen auf, die sich am Anfang oder mitten in der körperlichen Entwicklung befinden. *(vgl. Pauli/Steinhausen 2006:35)*

Durch den Schlankheitsdruck in unserer Gesellschaft, haben Menschen mit Anorexie heutzutage häufig den übersteigerten Wunsch nach einem schlanken Körper, gesunder Ernährung und Angst vor der Gewichtszunahme. Meist wird der Schönheitswahn durch die Medien vermittelt. *(vgl. Pauli/Steinhausen 2006:36)*

Für Jugendliche sind die Beziehungen zu Gleichaltrigen sehr wichtig. Sie orientieren sich häufig an Zielen, Werthaltungen und dem Verhalten an diesen Personen. Daher spielt auch der Vergleich in Bezug auf Aussehen, Figur und Essverhalten eine große Rolle. *(vgl. Pauli/Steinhausen 2006:38)*

Bei einer Erkrankung wie die Anorexie können meist keine besonderen Ereignisse gefunden werden. In einigen Situationen kann ein besonders belastendes Erlebnis, wie die Trennung eines engen Freundes oder die Scheidung der Eltern, dazu beitragen, dass eine Person magersüchtig wird. *(vgl. Pauli/Steinhausen 2006:39)*

In der Forschung wurde nach speziellen Merkmalen von Familien mit magersüchtigen Kindern gesucht. Dabei konnten keine besonderen Auffälligkeiten gefunden werden. Es gibt keine „typischen Magersuchtsfamilien", denn jede Familie ist unterschiedlich und schematische Beschreibungen sind im Einzelfall häufig unzutreffend und unzureichend. *(vgl. Pauli/Steinhausen 2006:30)*

2.5 Beginn und Verlauf

Die Magersucht beginnt häufig damit, dass die Betroffenen auf kalorienreiche Speisen verzichten. Sie vermeiden Süßigkeiten, fettreiches Essen und Kuchen. Die Personen nehmen nur noch gesunde Kost zu sich, begrenzen die Nahrungsmenge und verringern die Essenszeiten. Auch wenn sie sich schließlich nur noch von Obst und Vollkornbrot ernähren und höchstens einmal am Tag Nahrung zu sich nehmen, steht das Thema „Essen" im Mittelpunkt ihres Interesses. Sie denken ständig darüber nach, wann, was und wie viel sie Essen wollen. *(vgl. bzga-essstoerungen.de 2022)*

Mit 2,2% hat die Magersucht neben der Drogensucht das höchste Todesrisiko. Die Hälfte der Todesfälle geht auf Selbstmordhandlungen, die andere auf die direkten oder indirekten Folgen der Hungerzustände zurück. Der Verlauf der Erkrankung ist langwierig und Rückfälle sind häufig. Für die Essstörung ist eine verspätete Inanspruchnahme professioneller Hilfen typisch. Die Eltern nehmen häufig erst sehr spät wahr, wie sehr ihr Kind abgemagert ist. *(vgl. bzga-essstoerungen.de 2022)*

2.6 Therapie

Vor der Behandlung der Anorexie sollte eine sorgfältige Diagnosestellung erfolgen. Am Anfang müssen andere körperliche und psychische Erkrankungen ausgeschlossen werden. In dieser ersten Phase ist eine sorgfältige körperliche und psychiatrische Untersuchung unabdingbar. Auf diese folgt eine Zusammenarbeit von Fachleuten aus verschiedenen Fachgebieten (Körperliche Medizin, Psychologie, Psychiatrie). Wenn die Diagnose einer Anorexie von einer spezialisierten Fachperson festgestellt wurde, gibt es verschiedene Möglichkeiten einer Behandlung: die ambulante, die stationäre oder die tagesklinische Behandlung. *(vgl. Pauli/Steinhausen: 2006:44)*

Eine ambulante Psychotherapie kann stattfinden, wenn die Anorexie noch nicht allzu weit fortgeschritten ist. Dabei bleibt die betroffene Person in der Familie und in ihrer schulischen Umgebung. *(vgl. Emerson: 2006:44)*

Die stationäre Therapie erfolgt dann, wenn eine ambulante Therapie zu wenig Erfolge zeigt, eine körperlich bedrohliche Unterernährung auftritt, massive familiäre Konflikte die Genesung behindern oder die Person suizidale Gedanken äußert. *(vgl. Emerson 2006:50)*

In der tagesklinischen Behandlung ist der Jugendliche tagsüber in der Klinik, während er/sie am Abend, zur Übernachtung und an den Wochenenden zuhause lebt. *(vgl. Emerson 2006:53)*

3. Gefahren des Internets

In diesem Abschnitt werden die Probleme durch die umfangreiche Nutzung der Medien dargestellt. Die sogenannten „Pro-Ana" Internetseiten und die Auswirkungen der sozialen Medien auf die Jugendlichen werden erläutert.

3.1 Soziale Medien

Soziale Medien wie Instagram, WhatsApp, YouTube und TikTok haben oftmals negative Auswirkungen auf die jungen Menschen. Die Professorin Dr. Eva Wunderer von der Hochschule Landshut äußert, dass das Wohlbefinden durch die intensive Beschäftigung mit den sozialen Medien sinken und die Unzufriedenheit mit dem eigenen Körper steigen kann. Dies gilt besonders für Seiten, die stark auf Bildern basieren, wie zum Beispiel Instagram. Durch die vermeintlich perfekten Körperideale werden die Wahrnehmung und die eigenen Ansprüche geprägt. Durch die bearbeiteten Bilder der Influencer*innen geraten junge Menschen immer mehr unter Druck und haben den Anspruch diesem nachzueifern. Hinzu kommen Fotos von „dem" Mädchen oder „dem" Jungen aus der Nachbarsklasse. Die Jugendlichen haben den Wunsch nach Bestätigung und positiven

Kommentaren. Wunderer erklärt, dass durch die sozialen Medien ein Teufelskreis entstehen kann. Durch die scheinbar perfekten Körper und die vermeintlich perfekten Bilder fühlen sich die Jugendlichen minderwertig und ändern ihr Ess- und Trainingsverhalten. Sie erhalten Likes und positives Feedback. Dadurch werden ihre Grundbedürfnisse nach Selbstwerterhöhung, Spaß und Zugehörigkeit befriedigt. Jedoch steigt auch die Angst, die Anerkennung zu verlieren, nicht genug zu genügen. So geht es dann weiter in die Abwärtsspirale und im schlimmsten Fall in ein essgestörtes Verhalten. Um junge Menschen vor diesem Teufelskreis zu schützen, ist es wichtig über Medien aufzuklären und die Medienkompetenz zu fördern. Solange Körper, Fitness und Aussehen so eine große Rolle bei der Selbstwertung und Selbstdarstellung spielen, ist es sehr schwer sich als Jugendlicher von diesen sozialen Medien abzugrenzen. *(vgl. idw-online.de 05.05.2021)*

3.2 Pro Ana

Pro-Ana ist eine Bewegung von Magersüchtigen, die Anfang des 21. Jahrhundert in den USA entstanden ist und sich von dort aus nach Europa verbreitet hat. Auf diesen Seiten wird Anorexie nicht als Krankheit gesehen, sondern wird verherrlicht oder verharmlost und als erstrebenswerter Lebensstil dargestellt. Meistens werden diese Seiten von Jugendlichen genutzt, die selbst erkrankt sind, jedoch keine Heilung oder Therapie anstreben. Sigrid Borse die Geschäftsführerin des Frankfurter Zentrums für Essstörungen beschreibt die Bewegung als gefährlichen Lifestyle der Jugendlichen mit sektenähnlichen rigiden Regeln, die die Jungen und Mädchen in ihrer Krankheit bestärken und zu einer Chronifizierung der Erkrankung beitragen. Die Inhalte der Seiten animieren die Jugendlichen zum Nachahmen und Ausprobieren. Die Webseiten sind oft auf eine Art und Weise gestaltet, die die Jugendlichen besonders ansprechen. Diese zeigen häufig Fotos von anderen Betroffenen, sehr schlanken Frauen und Männern, Balletttänzer*innen, Models, Feen und Engel. Diese stehen für Perfektion, Anmut und Leichtigkeit. Verschiedene Inhalte, wie Anas und Mias Brief, in denen sich die Essstörung als einzig wahren Freund darstellt, sowie Gebote, Gesetze, Glaubensbekenntnisse und Psalme in denen die Verhaltensanweisungen in Form von Glaubensregeln vermittelt werden, trifft man auf diesen Seiten an. Tipps und Tricks zum Abnehmen und der Geheimhaltung seiner Essstörung Motivationen, wie ein Gewichtstagebuch, Abnehm-Wettbewerbe, Abnehmpartner*innen und Motivationsverträge kann man auf solchen Internetseiten vorfinden. *(vgl. Anhang)* Die Nutzer*innen dieser Bewegung kennen die typischen Inhalte meist auswendig und halten sich eisern dran. Falls jemand gegen diese verstößt, müssen sie sich mit exzessivem Sport, erbrechen oder weiterem Fasten bestrafen. Online unterstützen sich die Betroffenen gegenseitig und es wird ein gefährliches „Wir-Gefühl" suggeriert. Dieses dient als Ersatzmittel für den sozialen Umgang im Familien- und

Freundeskreis. Beim Austausch in den geschützten Foren, bestätigen sich die Jungen und Mädchen gegenseitig in ihren verzerrten Körper- und Schlankheitsidealen und verlieren zunehmend das Verhältnis zur Realität. Besonders in der Pubertät haben die Jugendlichen oftmals mit Verunsicherungen zu kämpfen. Sie sind in ihrer Persönlichkeit und ihrem Körperbild noch nicht gefestigt. Durch diese Seiten kann das Krankheitsbild verstärkt werden. *(bmfsfj.de 2011)*

4. Magersucht im schulischen Kontext

Im Folgenden wird die Magersucht im Kontext Schule betrachtet. Wichtig ist hierbei die Prävention, die Früherkennung und der Umgang mit betroffenen Jugendlichen in einer Einrichtung. Dafür wird in dieser Arbeit ein Präventionsprogramm vorgestellt und erläutert.

4.1 Prävention in der Einrichtung

Prävention in den Einrichtungen sollte sich nicht nur mit reiner Wissensvermittlung befassen, sondern auch soziale und persönliche Kompetenzen der Jugendlichen stärken.

Der **Selbstwert** kann durch eine lobende und nicht wertende Haltung der Erzieher*innen gegenüber den Jugendlichen gefördert werden. Zudem sollten die Jugendlichen die Möglichkeit erhalten, Entscheidungen eigenständig treffen zu können, auch wenn diese nicht der Meinung der Erzieher*innen entsprechen. So haben sie die Chance, ihre Selbstständigkeit zu erweitern, wodurch ebenfalls ihr Selbstwertgefühl gestärkt wird. *(vgl. Nolte 2013: 145)*

Das **gemeinsame Essen** spielt in der Präventionsarbeit eine wichtige Rolle. Erzieher*innen fungieren als Vorbilder. Sie sollten ein gesundes und geregeltes Essverhalten an den Tag legen. Es ist von Bedeutung, dass die Mahlzeiten regelmäßig, gemeinsam, ohne Zeitdruck und in einer positiven Atmosphäre eingenommen werden. Auch das Einkaufen und die Zubereitung der Mahlzeiten sollte gemeinsam mit den Jugendlichen durchgeführt werden. So erlangen sie einen bewussteren Bezug zu den einzelnen Lebensmitteln. *(vgl. Nolte: 145)*

Ebenfalls trägt die **regelmäßige Bewegung** dazu bei, dass Jugendliche sich in ihrer Haut wohl fühlen. Beim Sport wird das Hormon Endorphin ausgeschüttet, welches zum allgemeinen Wohlbefinden beiträgt. Daher sollten Erzieher*innen dafür sorgen, dass sie sportliche Aktivitäten, wie zum Beispiel einen gemeinsamen Spaziergang oder regelmäßige Sportübungen in den Alltag mit einbauen. *(vgl. Nolte: 145)*

Es ist von Bedeutung, dass **Ruhezeiten** in den Tagesablauf der Kinder integriert werden. Durch den steigenden Leistungsdruck in der Schule ist die Entspannung am Tag wichtig. *(vgl. Nolte: 145)*

In der **Pubertät** verändert sich bei den Jugendlichen vieles. Bei den Frauen setzt die Menstruationsblutung ein und der Körper wird kurviger. Dieses kann bei ihnen zu einem Gefühlschaos führen, welches die Jugendlichen nicht allein bewältigen können. Die Erzieher*innen sollten sie dabei unterstützen mit ihren Gefühlen umzugehen, sie in dieser Phase bestärken und für sie da sein. *(vgl. Nolte: 145)*

Es ist wichtig, dass sich die Pädagogen für ein Klima der **gegenseitigen Akzeptanz** in ihrer Einrichtung bezüglich Aussehens und Figur einsetzen. Es kommt sehr häufig vor, dass andere Jugendliche Gleichaltrige aufgrund ihres Aussehens oder ihrer Figur ausschließen und sogar beleidigen. Die Jugendlichen brauchen gegenüber solchen Ausgrenzungen und Mobbing eine klare Position und Reaktion von den Pädagogen. Nichtreagieren seitens der Fachkräfte verstehen die Mädchen und Jungen als Dulden des Fehlverhaltens und Entwertung. Dieses führt oft zu einer Verunsicherung der Jugendlichen, was dazu beiträgt, dass das soziale Klima belastet wird. Wenn solche Situationen in der Einrichtung auftreten und diese von den Pädagogen gesehen und wahrgenommen werden, bietet sich die Chance, das Thema in der Gruppe aktiv aufzugreifen und sich im Rahmen eines Gruppengespräches mit dem Thema Akzeptanz und dem Schlankeitsdruck auseinanderzusetzen. *(vgl. Verbeek/Petermann 2015:92)*

Außerdem kann man **Projektarbeiten** oder **Angebote** zu dem Thema Körper, Essen und Selbstwert anbieter und gemeinsam mit den Jugendlichen durchführen. So kann zum Beispiel das Thema „Was ist schön", in welchem das gängige Schönheitsideal kritisch hinterfragt werden kann; oder ein Projekt zum Einfluss der medialen Schönheitsbildes durchgeführt werden. Ebenfalls können zusätzlich Filme oder Bücher über solche Themen gezeigt werden und als Diskussionseinstieg verwendet werden. *(Verbeek/Petermann 2015:92-93)*

4.2 Präventionsmodelle

Wenn Pädagogen ausreichend über die Thematik Essstörungen aufgeklärt sind, ist es wichtig, dass eine Primärprävention zur Gesundheitsaufklärung und Gesundheitsförderung für Jugendliche angeboten wird. Es ist hierbei von Bedeutung, dass die Prävention sowohl auf kognitiver als auch auf emotionaler Ebene stattfindet. Die Primärprävention kann auf zwei verschiedenen Ebenen stattfinden. Zum einen können die Pädagogen die Kinder und Jugendlichen durch verschiedene Diskussionen oder Angebote über das Thema aufklären und zum anderen gibt es spezifische Programme, die teilweise von Kliniken und Ministerien entwickelt wurden, um es in Einrichtungen einzusetzen. Am effektivsten gelingt die Präventionsaufklärung projektorientiert und interaktiv (z.B. durch Gruppenarbeiten). *(vgl. Verbeek/Petermann 2015:89)*

Präventionsprogramme

In den letzten zehn Jahren wurden verschiedene Präventionsprogramme für den Einsatz an weiterführenden Schulen und Jugendeinrichtungen entwickelt.

Zum einen gibt es die vom Bundesministerium für Gesundheit geförderten Projekte PriMa, TOPP, Torera und STARK zur Prävention von Magersucht, Bulimie und Adipositas. Zu der Zielgruppe gehören Jugendliche ab der 6. bis zur 8. Klasse. Durch das Gesamtpaket von „PriMa (Primärprävention Magersucht – Mädchen 6. Klasse), TOPP (Teenager ohne pfundige Probleme- Jungen 6. Klasse), Torera (Prävention Bulimie und Adipositas- Mädchen und Jungen Klasse 7) und STARK (Stationsarbeit: Kompetent in Ernährung und Bewegung – Mädchen und Jungen Klasse 8) wird den Kindern und Jugendlichen dabei geholfen, sich mit Spaß mehr zu bewegen, gesünder zu essen und selbstbewusster zu werden. Die Programme bieten den Teilnehmer*innen vielfältige Möglichkeiten zur Entwicklung von Methoden-, Selbst und Sozialkompetenz. *(uniklinikum-jena.de 2017), (vgl. Anhang, USB-Stick)*

Bei den Programmen PriMa und TOPP werden in neun Lektionen mit je 45-90 Minuten typische Situationen der Magersucht bearbeitet. Dazu gehören Themen wie „Schönheitsideale", „Leistungsdruck", „Probleme in der Familie", „eigene Körperwahrnehmung". Die verschiedenen Lektionen tragen Namen wie Models. Rebellion. Macht, Traumwelt, Wahrnehmungsverzerrung, Suizidgedanken, krankhaftes Essverhalten, Waage und Therapie. Die Jungen und Mädchen sind bei diesen Programmen auf Grund der geschlechtersensiblen Themen voneinander getrennt. PriMa und TOPP zielen auf eine aktive Auseinandersetzung mit Ursachen und psychologischer Kraft der Magersucht. Ebenfalls steuern sie eine langfristige positive Veränderung des Bewegungs- und Ernährungsverhaltens an und enthalten Fortbildungen für Pädagogen. *(uniklinikum-jena.de 2017), (vgl. Anhang, USB-Stick)*

Die Einheit Torera beinhaltet insgesamt sieben Lektionen mit einer Länge von jeweils 45-90 Minuten. In diesen werden zunächst die Inhalte aus PriMa und TOPP aufgefrischt. Danach werden die Schüler*innen gemeinsam an dem Programm teilnehmen. Dieses Vorgehen trägt dem Umstand Rechnung, dass Fehlentwicklungen häufig durch Mobbing anderer Jugendlichen mitbedingt und verstärkt werden. Die Projekteinheit beschäftigt sich ebenfalls mit den Themen „Heißhungeranfällen, Gefahr von Diäten, gesunde Bewegung, Selbstverletzung und versteckte Aggressionen. Torera baut auf den Programmen PriMa und TOPP auf und kann somit nur von Einrichtungen praktiziert werden, die diese schon erfolgreich durchgeführt haben. Ebenfalls beinhaltet die Intervention eine Informationsveranstaltung für Eltern und Pädagogen. *(vgl. bildungsserver.de 2007), (vgl. Anhang, USB-Stick)*

Bei der Projekteinheit STARK werden in einer ca. zweistündigen Stationsarbeit die Erfahrungen mit den Projekten aufgefrischt. Anhand eines Fragebogens kann das Gefährdungspotenzial für Essstörungen in der Klasse eingeschätzt werden. Torera und STARK is: eine konsequente Fortführung der Prävention von Essstörungen durch ein gesünderes Ess- und Bewegungsverhalten unter Beachtung der Entwicklung des Selbstwertgefühls. Das Ziel ist hierbei die frühzeitige Erkennung eines problematischen Verhaltens. *(kobags.de 01.02.2007), (vgl. Anhang, USB-Stick)*

4.3 Früherkennung

Es gibt einige spezifische Warnzeichen für die Entwicklung einer Magersucht. Einige davon sind entweder typisch für das nahe Umfeld oder fallen in diesem Rahmen leichter auf. Zu den Warnsignalen gehört ein rapider oder exzessiver Gewichtsverlust. Häufig wird dieser durch mehrere Kleiderschichten kaschiert. In Sport oder Badekleidung kann man diesen jedoch deutlich erkennen. Ebenfalls haben die betroffenen Jungen und Mädchen häufig eine Abneigung gegen sportliche Angebote oder Schwimmen. Die Jugendlichen haben Angst, dass der Gewichtsverlust für ihre Mitmenschen offenkundig werden könnte. Durch die negative verzerrte Selbstwahrnehmung der anorektischen Personen, könnten auch Hemmungen und Schamgefühle im Beisein Anderer die Kleidung zu wechseln eine Rolle spielen. Auch exzessive körperliche Aktivitäten könnten ein wichtiges Anzeichen sein. Kinder und Jugendliche verbringen plötzlich viel mehr Zeit als sonst mit sportlichen Aktivitäten oder im Bewegungs- oder Fitnessraum. *(Treasure/Alexander 2014:234)* Oft wird jede freie Minute genutzt, um in Bewegung zu sein. Jugendliche, die nicht genügend Kalorien zu sich nehmen, um den Tag zu bewältigen, wirken während der Zeit in der Einrichtung häufig träge und neigen zu Schwindel- und Ohnmachtsanfällen, vor allem während der sportlichen Aktivitäten. Magersüchtige Personen schaffen sich oft Situationen, in denen sie keine Zeit zum Essen haben. Man sollte also darauf achten, ob die betroffene Person sich während der Essenszeit plötzlich immer mit anderen Dingen beschäftigt. Die Jugendlichen versuchen sich so vor den zwanghaften Gedanken an das Essen abzulenken und um der Gefahr einer Entdeckung ihres Zustandes aus dem Weg zu gehen. Sie probieren durch verschiedene Aktivitäten dem gemeinsamen Essen auszuweichen. *(Treasure/Alexander 2014:235)* Da die Betroffenen häufig einen sehr geringen Körperfettanteil haben, frieren sie sehr schnell und tragen oftmals mehrere Kleidungsstücke übereinander. Sie „vergessen" auch in warmen Räumen ihren dicken Wollschal oder die Jacke auszuziehen. Die Jugendlichen leiden meist an einem besonders ausgeprägten Hang zum Perfektionismus. Dies zeigt sich häufig bei schulischen Aktivitäten. Sie reagieren zutiefst enttäuscht, wenn sie keine Spitzennote schreiben oder ihnen ein kleiner Fehler bei den Hausaufgaben unterlaufen ist. Durch die ständige zwanghafte Beschäftigung mit dem Thema Nahrung nimmt die Konzentration bei den

Mädchen und Jungen immer mehr ab. Ihnen fehlt die Energie, die für eine Fokussierung auf schulische Belange erforderlich ist. Während sich eine Essstörung verfestigt, wird der Gedanke an die Nahrung zur Besessenheit, sodass es anorektischen Personen häufig schwerfällt, sich auf etwas anderes zu konzentrieren. *(Treasure/Alexander 2014:236)* Dadurch gelangen die Jugendlichen häufig in eine soziale Isolation und ziehen sich von ihren Mitmenschen zurück. *(vgl. Treasure/Alexander 2014:237)*

4.4 Umgang mit betroffenen Jugendlichen

Die Jugendlichen fühlen sich besser, wenn sie aus eigener Kraft den ersten Schritt machen und mit einem Pädagogen oder einer anderen Fachkraft über ihre Essstörung sprechen, denn so haben sie das Gefühl, dass sie die Situation unter Kontrolle haben. Wenn jedoch der Pädagoge bemerkt, dass einige Verhaltensweisen einer Anorexie auf das Mädchen oder den Jungen zutreffen, sollte die Möglichkeit für ein vertrauliches Gespräch gesucht werden. Diese Situationen kann man bewusst herbeiführen, indem man die Person um ein persönliches Gespräch nach dem Aufenthalt in der Einrichtung bittet. Besonders im Anfangsstadium der Essstörung fühlen sich die Betroffenen oft einsam und sind froh über die Möglichkeit ihre Probleme mit jemandem zu teilen. Man sollte in einem solchem Gespräch die Themen Essen oder Gewicht anfänglich vermeiden und sich vorsichtig durch Suggestivfragen wie „Du wirkst seit einiger Zeit etwas verändert, wie kann ich dir helfen?" aufbauen. Beim ersten Gespräch ist es wichtig, dass man behutsam vorgeht und vorerst eine vertrauensvolle Basis schafft. Es ist von Bedeutung, dass die Jugendlichen wissen, dass sie jemanden haben, mit dem sie sich weiterhin austauschen können. Eventuell bekennt sich der Jugendliche das erste Mal zu seinen Problemen oder gesteht sich diese zum ersten Mal ein. Mit sanfter Ermutigung können Pädagogen diesen Schritt unterstützen. Es ist wichtig, dass man den Jungen und Mädchen Sicherheit gibt und sie das Gefühl haben, sich dem Pädagogen anvertrauen zu können. Man sollte jede Gelegenheit für ein offenes Gespräch mit der Person nutzen, denn so werden sie immer deutlicher erkennen, dass sie Hilfe und Unterstützung benötigen. Es kann passieren, dass Jugendliche darum bitten, dass die Pädagogen das Problem für sich behalten und mit niemandem darüber reden sollen. Dieser Wunsch darf jedoch nicht erfüllt werden, da es um die Gesundheit der Betroffenen geht. Die Zusage, die Informationen für sich zu behalten, wäre fatal. Man sollte mit der Person gemeinsam besprechen, wer, wann und in welchem Umfang in Kenntnis gesetzt wird. Damit wird dem Jugendlichen das Gefühl der Kontrolle gegeben und die Erzieher*innen behalten dadurch das Vertrauen. Als erste Angehörige, sollten immer die Eltern mit eingeweiht werden. Sie können den Mädchen und Jungen während des Genesungsprozesses den nötigen Rückhalt vermitteln und haben bei medizinischen Maßnahmen, falls der Jugendliche noch minderjährig ist ein Wort mitzureden. Einige Betroffene haben Vorbehalte sich ihren Eltern anzuvertrauen, damit diese sich keine Sorgen machen. Pädagogen könnten der anorektischen Person vorschlagen, ihr bei dem Gespräch zur Seite zu stehen. Wenn physische, emotionale oder sexuelle Übergriffe die Beziehung zu den Eltern belasten, kann auf die Einbeziehung der Eltern verzichtet werden und es kann gemeinsam mit dem Jugendlichen nach professioneller Hilfe gesucht werden. Auch wenn die Mädchen und Jungen Hilfe von außerhalb bekommen, ist es wichtig, dass der Pädagoge weiterhin regelmäßige Gespräche mit dem Betroffenen führt, um gemeinsam mit den Angehörigen an einer Lösung zu arbeiten. Auch die Unterstützung während der Mahlzeiten ist sehr wichtig. Da für viele Magersüchtige die gemeinsamen Mahlzeiten eine Herausforderung sind, ist es für den Anfang sinnvoll, dass die Betroffenen ihre Mahlzeiten an einem ruhigen Ort innerhalb der Einrichtungen einnehmen können, bevor sie langsam wieder in die Gruppe eingebunden werden. Von zentraler Bedeutung ist auch, dass Magersüchtige ihre Mahlzeiten nicht allein zu sich nehmen, da es ihnen meist noch sehr schwerfällt, angemessene Portionen zu sich zu nehmen. Daher hilft es den Jugendlichen häufig, tatkräftige Unterstützung wie einen vertrauenswürdigen Pädagogen oder einen Freund oder eine Freundin an der Seite zu haben. Viele Mädchen und Jungen, die eine Essstörung entwickelt haben, sind zur Zielscheibe von Mobbing und Hänseleien geworden. Gerade in der Genesungsphase können die Betroffene selbst flapsige Bemerkungen über das Gewicht oder die Figur wörtlich nehmen und sich eingeschüchtert fühlen, wodurch ein Rückfall in die alten Verhaltensweisen ausgelöst werden kann. Daher sollten Pädagogen sehr aufmerksam gegenüber Mobbing sein und auf dieses reagieren. *(vgl. Treasure/Alexander 2014:237-243)*

5. Zusammenfassung

Zusammenfassend kann man sagen, dass die Anorexie eine sehr komplexe Krankheit ist, die jeden Menschen treffen kann. Für die Betroffenen ist es ein sehr schwieriger und langer Weg, den sie meist nie ohne Unterstützung schaffen können. Wir als angehende Pädagogen spielen bei der Begleitung eine sehr wichtige Rolle. Die Prävention von Magersucht geschieht optimaler Weise durch externe Programme. Es ist jedoch auch wichtig, dass wir uns für das Wohlbefinden der Jugendlichen einsetzen und ihnen bei ihrer Entwicklung zur Seite stehen. Durch die Arbeit habe ich gelernt, dass man häufig genauer hinschauen sollte, da es nicht sehr einfach ist eine Anorexie zu erkennen. Durch die Früherkennung, kann möglicherweise ein schwerwiegender Verlauf vermieden oder vorgebeugt werden. Wir können den Jugendlichen oftmals einen sicheren Rückzugsort bieten und sind häufig die erste Anlaufstelle der Mädchen und Jungen. Jedoch dürfen wir nicht versuchen ihre Problematik allein zu lösen und müssen die Eltern mit einbeziehen. Mir ist klar geworden, dass wir als angehende Erzieher*innen zwar als Lotse fungieren können, jedoch nicht die therapeutische Rolle übernehmen sollten.

6. Literatur- und Quellenverzeichnis

Bücher

Emerson, Markus (2011): Magersucht im Kontext Schule. Früherkennung, Prävention und Umgang mit betroffenen Schülern und Schülerinnen. GRIN.

Nolte, Anke (29.01.2013): Essstörungen. Hilfe bei Anorexie, Bulimie und Binge-Eating. Stiftung Warentest.

Pauli, Dagmar und Steinhausen, Hans-Christoph (26.10.2005): Ratgeber Magersucht. Informationen für Betroffene, Eltern, Lehrer und Erzieher. Hogrefe Verlag. 1. Auflage.

Schulherr, Susan (04.03.2009): Ess-Störungen für DUMMIES. Den Weg zurück ins Leben schaffen. Wiley-VCH. 1. Auflage.

Treasure, Janet und Alexander, June (01.01.2001): Gemeinsam die Magersucht besiegen. Ein Leitfaden für Betroffene, Freunde und Angehörige. Julius Beltz GmbH & Co. KG. 7. Überarbeitete und erweiterte Auflage.

Vandereycken, Walter und Meermann, Rolf (27.12.2002): Magersucht und Bulimie. Ein Ratgeber für Betroffene und ihre Angehörigen. Hans Huber Verlag.

Verbeek, Dorothe und Petermann Franz (21.09.2015): Essstörungen bei Jugendlichen vorbeugen. Auffälliges Esssverhalten erkennen und handeln. Hogrefe Verlag. 1. Auflage.

Internetquellen

BZgA Essstörungen: Was sind Essstörungen?. Was sind Essstörungen? | BZgA Essstörungen (bzga-essstoerungen.de): 15.12.2021

BZgA Essstörungen: Weitere Symptome und Verlauf. Magersucht - eine Essstörung | BZgA Essstörungen (bzga-essstoerungen.de): (15.12.2022)

Dobmeier, Julia und Fux, Christiane. Magersucht. Magersucht: Symptome, Ursachen, Therapie - NetDoktor: (15.12.2021)

Gefährliche Schönheitsideale in sozialen Medien. Gefährliche Schönheitsideale in sozialen Medien (idw-online.de): (16.12.2021)

Gesunde Schule. Programme zur Vorbeugung von Essstörungen für den Unterricht. Flyer PriMa und Co 2013 (uniklinikum-jena.de): (23 12.2021)

PriMa, TOPP, Torera und STARK. Programme zur Prävention bei Essstörungen und Adipositas. PriMa, TOPP, Torera & STARK - KoBAGS: 23.12.2021)

Torera - Prävention Bulimie, Fress-Attacken und Adipositas. Torera - Prävention Bulimie Fress-Attacken und Adipositas - [Deutscher Bildungsserver]: (23.12.2021)

Wer ist Ana? Verherrlichungen von Essstörungen im Internet. RS_ProAna_Berlin_6ak.indd (bmfsfj.de): (22.12.2021)

Nr. 1. Pro Ana

Auf den folgenden Seiten sind die zehn Gebote, die Gesetze und ein Beispiel einer Diät aus den sogenannten „Pro Ana" Foren aufgelistet.

Die 10 Gebot

Dieser Angang wurde aus urheberrechtlichen Gründen von der Redaktion entfernt.

Gesetze

Dieser Anhang wurde aus urheberrechtlichen Gründen von der Redaktion entfernt.

Diät „Pro Ana"

Dieser Anhang wurde aus urheberrechtlichen Gründen von der Redaktion entfernt.

Nr. 2

Entwicklungsaufgaben von Jugendlichen

Im Folgenden sind die Entwicklungsaufgaben der Jugendlichen aufgelistet. Dies sind die Aufgaben, die sich in einer bestimmten Lebensphase des Individuums stellt. Die erfolgreiche Bewältigung führt zu Glück und Erfolg. Das Versagen hingegen macht den Jugendlichen unglücklich.

Microsoft PowerPoint - Entwicklungsuafgaben_WS0506pt.ppt (fu-berlin.de)

- Das Akzeptieren der eigenen körperlichen Erscheinung
- Die kritische Auseinandersetzung mit den eigenen Kompetenzen und Grenzen
- Sich Lebensrisiken stellen und sich mit Konsumangeboten (Medien, Genussmitteln) kritisch auseinandersetzen
- Die zunehmend selbstbewusste Gestaltung der eigenen Sozialisation
- Ein eigenes Werte- und Normensystem zu entwickeln und zu vertrauen
- Sich mit Sinnfragen zu beschäftigen
- Den Prozess der emotionalen Ablösung vom Elternhaus zu bewältigen
- Eine Position in der Gruppe zu Gleichaltrigen zu erringen und zu behaupten

- Die Geschlechtsrolle zu übernehmen, dh. Sexualität, Intimität sowie die Fähigkeit zu entwickeln, Partnerschaften einzugehen und zu pflegen
PowerPoint-Präsentation (kinderschutz-niedersachsen.de)